Charline
Quensell-Gauthier

Jenseits von richtig und falsch liegt ein Ort, dort treffen wir uns – Mama

novum pro

Bibliografische Information
der Deutschen Nationalbibliothek:

Die Deutsche Nationalbibliothek
verzeichnet diese Publikation in
der Deutschen Nationalbibliografie.
Detaillierte bibliografische Daten
sind im Internet über
http://www.d-nb.de abrufbar.

Alle Rechte der Verbreitung,
auch durch Film, Funk und Fernsehen,
fotomechanische Wiedergabe,
Tonträger, elektronische Datenträger
und auszugsweisen Nachdruck,
sind vorbehalten.

Gedruckt in der Europäischen Union
auf umweltfreundlichem, chlor- und
säurefrei gebleichtem Papier.

© 2024 novum Verlag

ISBN 978-3-7116-0304-3
Lektorat: Mag. Elisabeth Biricz
Umschlagfotos:
Charline Quensell-Gauthier
Umschlaggestaltung, Layout & Satz:
novum Verlag
Autorenfoto:
Charline Quensell-Gauthier

www.novumverlag.com

Inhaltsverzeichnis

Vorwort 7

Kapitel 1 9

Kapitel 2 14

Kapitel 3 17

Kapitel 4 21

Kapitel 5 39

Vorwort

*Jenseits von richtig und falsch dort liegt ein Ort,
dort treffen wir uns – Mama*

Derzeit gibt es 4,8 Millionen pflegende Angehörige in Deutschland. Das ist viel wenn man bedenkt, dass die Hälfte davon noch berufstätig ist. Den Spagat zwischen Arbeit und Pflege – ich kenne ihn nur zu gut. Aber ohne die richtigen Hilfen und ohne ein gut funktionierendes Familienkonstrukt kann man als Angehöriger die Belastungen nicht bewältigen.

Als pflegender Angehöriger kommt man an seine Grenzen; und das mehr als nur einmal. Selbst als Pflegekraft, wie ich es bin, bin ich mehr als genug an meine Grenze gekommen. Ich würde jederzeit wieder alles genauso machen!

Die Pflege eines geliebten Menschen, insbesondere als pflegender Angehöriger der eigenen Mutter und Ehefrau, ist eine herausfordernde und oft belastende Aufgabe. Sie erfordert immense Hingabe, Kraft und Zeit, um den physischen und emotionalen Bedürfnissen des Pflegebedürftigen gerecht zu werden. Dabei wird die Balance zwischen der Pflegeverantwortung und dem eigenen Leben, ob beruflich oder privat zu einer täglichen Herausforderung. Besonders die Pflege innerhalb der Familie bringt nicht nur organisatorische, sondern auch emotionale Belastungen mit sich, da sich das familiäre Verhältnis grundlegend prägt und häufig neu definiert.

An dieser Stelle möchte ich mich von tiefstem Herzen bei meinem Papa bedanken, ohne dich hätte ich die drei Jahre nicht so tapfer gemeistert. Ich bin unfassbar stolz darauf, wie du auch deine Pflegeskills erweitert und wie hervorragend du das alles gemacht hast! Du bist nicht nur ein bisschen, sondern sehr viel über deine Grenzen gegangen!

Ein besonderer danke auch, an alle Personen aus unserem Umfeld, die genau die Gegebenheiten so genommen haben, wie sie sind und uns Kraft und Liebe geschenkt haben. Und auch an den wunderbaren Hausarzt, der uns durch zwei Jahre Kampf begleitet hat sowie an meinen Arbeitgeber, der mich unterstützt, mir Hilfsmittel zur Verfügung gestellt und es akzeptiert hat, wenn ich einmal neben der Spur lief.

Kapitel 1

Wie alles begann

Im April 2020 bekam meine Mutter die Diagnose Lungenkrebs. Diese Diagnose kam durch Zufall heraus. Krebs? Meine Mama? Wird sie sterben? Wie geht es weiter? Doch nicht meine geliebte Mama! Die schwerste Zeit unseres Lebens ging los.

Zu dem Zeitpunkt war ich 24 Jahre jung. Mein Geburtstag stand noch bevor – aber wird Mama das erleben? Werden wir noch ein Weihnachten zusammen haben? Ja, wir werden dies alles gemeinsam erleben!

Alles begann im Dezember 2019 mit einem Ziehen im Hals- und Schulterbereich. Sie suchte einen Arzt nach dem anderen auf. Zunächst traten leichte Erkältungssymptome wie Schnupfen und Gliederschmerzen auf, gefolgt von immer stärker werdenden Husten. Das neue Jahr begann und mit der Pandemie wurde Mama in die Kurzarbeit geschickt, da sie in einer Tagespflege arbeitete.

Am 01.04.2020 war meine Mama bei einem Lungenfacharzt und erhielt die Diagnose.

Wir kommen beide aus dem Beruf der Pflege. Sie hat den Beruf gelebt. Mama hat stationär gelernt, zum damaligen Zeitpunkt gab es noch die zweijährige Pflegehelferausbildung mit Examen. Der Tod war immer präsent – durch unseren Beruf. Mama hat mir die Ängste genommen mit Sterbenden zu Arbeiten. Sie hatte einen besonderen Bezug zu sterbenden Menschen. Sie war besonders! Besonders anders für viele. Mama war über zehn Jahre in dem Beruf. Sie war der „gute Laune Mensch" auf der Station. Sie hat alle mit ihrem Humor und ihren zarten 1,50 m zum Lachen gebracht. Aber genauso wichtig war ihr, dass Wohl ihrer geliebten Senioren in dem Pflegeheim. Sie hat sich immer für das Recht der Menschen eingesetzt und ist das ein oder andere Mal mit Ärzten aneinandergeraten. Sie hatte große Empathie gegenüber ihren Schützlingen und deren Angehörigen, ist oftmals stundenlang noch auf der Arbeit geblieben, um ihnen ihren letzten Weg so schön wie möglich zu machen, um für die Angehörigen vor Ort zu sein. Auch als sie in die Tagespflege gewechselt ist, war sie oftmals noch lange nach Feierabend vor Ort, um für die Tagespflegegäste da zu sein oder um ihre Arbeit nachzubereiten wie beispielsweise die Dokumentation, das Aufräumen der Tagespflege oder das vorbereiten für den kommenden Tag. Sie hatte Freude daran, ihre Gäste und Bewohner lachen zu sehen, mit ihnen Spaß zu haben und ihnen Freude zu bereiten. Ich habe mit Mama gemeinsam gearbeitet, habe mit ihr mein Examen zur Fachkraft gemacht. Durch sie habe ich vieles lernen können, dafür bin ich ihr bis heute dankbar – auch wenn ich es ihr viel zu selten gesagt habe.

Am 01.04.2020 saßen wir nun da, völlig geschockt und am Boden in der Küche und überlegten, wie es weitergehen sollte. Der Bericht des Röntgens war voller Fachbegriffe, aber einer war Mama und mir bekannt – Karzinom.

„Ich will nicht sterben. Ich bin doch noch nicht soweit."

„Nein Mama, du wirst nicht sterben. Wir schaffen das!"

Das haben wir damals gesagt.

Der erste Krankenhausaufenthalt am 07.04.2020 stand bevor. Es wurde eine Biopsie gemacht, um zu sehen, welche Wege man gehen konnte. Eine Operation zur Entfernung des Tumors war mit der Biopsie ausgeschlossen. So gab es nur noch eine Möglichkeit – Chemotherapie. Der Oberarzt sagte damals: „Diese Diagnose wird Ihr Todesurteil werden. Sie werden nicht mehr lange leben", und verschwand aus dem Raum. Wie kann ein Arzt so etwas sagen? Egal – wir schaffen das! Ein weiterer Tiefschlag. Eine weitere Schelle. Durch Corona durften wir sie nicht besuchen. Sie war circa eine Woche in der Klinik. Es wurden mehrere Tests und Untersuchungen durchgeführt.

Sie wurde „Palliativ" eingestuft, das heißt, eine besondere Form von Versorgung bei schwer kranken und sterbenden Menschen.

Ab dem Tag wurde irgendwie auch alles anders. Mama hat sich gegen die Schulmedizin und für die Alternativmedizin entschieden. Was das genau heißt? Ich wusste es damals nicht. Ich dachte, es handelt sich um irgendwelche Globuli. Pustekuchen, ich wurde eines Besseren belehrt.

Als ich ein kleines Kind war, gab es oft Alternativmedizin, Hausmitteln wie warmen und kalten Wickeln, Quarkwickel bis zu Zwiebeltee bei Erkältungen, das habe ich damit assoziiert. Ich dachte mir: „Mama, mit so etwas kann man nicht gesund werden, du spielst mit deinem Leben." Sie war immer für Überraschungen gut!

So stellte sie also die Ernährung radikal um; von einem auf den anderen Tag. Fasten und Diäten standen an. Wir kannten bis dato immer nur deftiges Essen, natürlich war es gesund, aber es war deftig. Wie es so ist, musste ich es essen. War gar nicht so schlecht; Löwenzahn und Kapuzinerkresse, wurde zwar nicht zu meinen Lieblingsspeisen aber was tut man nicht alles für die Mama. In dieser Zeit, auch durch Corona bedingt, ging meine Mutter sehr viel spazieren. Stundenlang im Wald unterwegs, genoss die Ruhe, die Waldluft, sammelte Stöcker und Äste und entdeckte das Basteln wieder für sich, aß Beeren und Birkenblätter. Sie holte ihre alten Walkingstöcker aus dem Keller und wanderte Kilometer.

Im Mai 2020 stand ein weiterer Besuch in einer Klinik an, ich wollte gerne eine weitere Meinung einholen, also nur zum Beratungsgespräch. Also hat Mama sich durchgerungen, auch wenn ihre Entscheidung stand – keine Chemotherapie. Nach dem Arztbesuch war auch für mich klar, dass eine Chemotherapie keine Option sein wird. Die Liste der Nebenwirkungen war lang. Zu lang. Es waren keine banalen Nebenwirkungen wie bei Schmerzmitteln, sondern um solche, die weder behandelbar noch reversibel wären. Das wollte ich nicht. Zu den möglichen Nebenwirkungen zählten Diabetes Mellitus, Wassereinlagerungen im gesamten Körper, Blutanämie, Polyneuropathien – also eine Nervenschädigung durch die Chemotherapie, welche mit Antidepressiva „gelindert" werden können.

Doch seien wir ehrlich: Als ob die Diagnose Krebs nicht bereits schwierig genug wäre, dachte ich mir, und dann sollte man zusätzlich mit derartigen Nebenwirkungen konfrontiert werden? Natürlich sagten die Ärzte, es kann, aber muss nicht vorkommen. Es ist nur nachvollziehbar, dass niemand dem Tod direkt ins Auge sehen möchte, geschweige denn auch noch in seine Arme gestoßen wird. So habe ich den Arzt gefragt, was denn an dieser Chemo gut sei, so kam er etwas ins Stocken. Er gab mir zur Antwort: „Nun ja, zu 50 % können wir somit den Krebs besiegen." Super, also hat meine Mama genau eine 50 zu 50 Chance, den Krebs zu besiegen und eine noch schlechtere Lebenssituation, wenn die Nebenwirkungen eintreten. Das Tolle war, Mama ging es zu diesem Zeitpunkt grandios, bis auf den wirklich lästigen Husten. Dennoch haben wir uns für all die Mühe bei dem netten jungen Arzt bedankt und so sind Mama und ich gefahren. Wenig Tage später, nachdem ich dann alles überdacht habe, habe ich dann Mama gesagt: „Ich, wir, also Papa und ich, helfen dir, bei dem Weg, den du gehen möchtest."

So wurden Obst und Gemüse im Garten angebaut. Mama hatte ja schließlich die Ernährung umgestellt. Zu meinem Bedauern gab es ab dem Zeitpunkt wirklich nichts Deftiges mehr zu essen. Mama nahm mit der Diät ab. Sie bewegte sich viel. Ihr Tag bestand aus Wald und Essen. Morgens stand sie schon früh auf, zwischen fünf und sechs Uhr, zog sich an und spazierte in den Wald. Stundenlang. Sie kam wieder, duschte sich und begann mit dem Frühstück. Um spätestens 13 Uhr gab es dann auch wieder Mittagessen und kurz danach gab es kleine Snacks, abends ab 18 Uhr wurde nochmals ordentlich gegessen, schließlich durfte sie bei der Neun-zu-Zehn-Diät nur eine gewisse Zeit essen, es war aber auch alles durchgetaktet. Und wenn es irgendwie ging, versuchte sie zwischendurch, noch einmal in den Wald zu gehen.

Ihr geliebter Wald, sie verbrachte Stunden dort.

Es kam ein Hochfrequenzgerät ins Haus. Diese Therapie nutzt hochfrequente elektrische Ströme, um tief im Körper Gewebe zu erwärmen, die Durchblutung zu verbessern und

den Stoffwechsel anzuregen Jeden Tag, immer wieder, saß sie an diesem Gerät. Es regt die Lymphbahnen an. Es hilft wirklich, kleinste Schmerzen waren nach der Verwendung des Gerätes weg. Mit der Entscheidung, dass sie die reine Schulmedizin ablehnte, recherchierte sie im Internet nach anderen wegen. Sie war in sämtliche Foren beigetreten. Sie telefonierte mit Menschen aus aller Welt und Kultur. Mit Menschen aus Österreich, welche ebenfalls Krebs hatten und sich durch die Alternativmedizin zur Heilung brachten. Also recherchierte Mama weiter, in Deutschland schien die Alternativmedizin nicht so etabliert zu sein.
Doch schließlich fand Mama einen Heiler und suchte ihn zum ersten Mal auf. Er setzte sich mit ihrer Vergangenheit auseinander. Sie erzählte darüber nicht viel, sie war erschöpft nach den Sitzungen. Sie recherchierte viel im Internet, von Heilern, Medium bis hin zu alternativen Heilverfahren war Mama bestens informiert. Sie hat sich mit Energiefeldern und der eigenen Heilung befasst. Klingt erst einmal gruselig? Ja, dachte ich auch. Ist es aber gar nicht. Jeder Mensch hat Selbstheilungskräfte. Diese Fähigkeiten kann jeder selbst aktivieren, ohne ein Anhänger der Magie zu sein oder an Hokuspokus zu glauben. Genau genommen, denke ich, dass jeder Mensch dies intuitiv tut, sobald er eine Erkältung hat. Man aktiviert diese Kräfte auf einfache Weise, beispielsweise durch Wechselbäder; andere wiederum praktizieren Yoga, um innere Ruhe und Gelassenheit zu fördern. Es klingt doch unkompliziert, oder? ein Auch das Aufarbeiten von negativen Gedanken beziehungsweise Ereignissen gehört dazu. Unser Körper sendet uns dauerhaft Signale. Es gibt Menschen, wenn sie gestresst sind, bekommen sie Bauchschmerzen, sind anfälliger für Erkältungen oder erleiden Migräne. All dies sind Anzeichen des Körpers, dass gerade etwas zu viel ist, auch wenn wir sie gerne verdrängen und nicht wahrnehmen, aber irgendwann holen uns unterdrückte Gefühle und Emotionen eben ein; und diese wollen gehört werden.

Kapitel 2

Eine letzte Reise?

Mama wollte nun noch einmal in den Schwarzwald reisen; gesagt getan. So haben Mama und ich im Juni 2020 Oma besucht – endlich wieder deftiges Essen. Und Mama? Mama hat in kleinen Mengen auch gegessen. Sie hat sich nichts anmerken lassen. Krebs? Krank? Nein, ihr ging es gut. Papa und ich hatten oft Sorge, dass es ihr schlechter ging als sie zugab. Es muss erwähnt werden, dass sie selten darüber sprach sich unwohl zu fühlen- selbst vor der Krebserkrankung betonte sie steh, es ginge ihr gut. Sie ist krank zur Arbeit gegangen, hat sich auch dort nie etwas anmerken lassen. Auch wenn Freunde und Familie sie gefragt haben, das Höchste der Gefühle war: „Ich bin kaputt, aber sonst geht's." So haben wir eine schöne Zeit im Schwarzwald gehabt, sind essen gegangen, haben lustige Abende mit der Verwandtschaft verbracht. Oma hat sich so sehr über den Besuch von Mama und mir gefreut. Aber niemand durfte ihr sagen, dass Mama Krebs hatte. Sie soll sich doch keine Sorgen machen. Und naja, man hat es Mama immer noch nicht angesehen. In dieser Zeit bummelten wir durch die kleinen Gassen, gingen zum Friedhof, machten Spaziergänge. Mama schien zufrieden zu sein, keine Beschwerden zu haben. Nach dem kurzen Mutter-Tochter Ausflug musste ich auch wieder arbeiten und Mama genoss die schönen Sommertage. So braun wie in diesem Jahr war sie lange nicht mehr gewesen. Sie genoss jeden Sonnenstrahl, war im Freibad und tankte Kraft in ihrem Wald. Die Diäten waren irgendwann zum Glück vorbei, da Mama erschöpft war von der starken Strukturierung ihres Tages, sie hat zwar gerne noch gesund gegessen, aber zum Glück nicht mehr in dem Ausmaß. So verzichtete sie auf Zucker und Salz und nahm so wenig tierische Fette wie möglich zu sich. Dies war akzeptabel. Sie sprach nicht oft über die Krankheit. Aber ich wusste, der Krebs machte ihr

Angst: Angst vor dem, was kommen wird. Ihren 56. Geburtstag verbrachten wir im kleinen Kreis. Sie ging weiterhin mit Freundinnen essen, lud zum Kaffee und Kuchen ein und genoss die Zeit. Mama hat wenig Medikamente genommen. Lediglich einmal ein Ibuprofen gegen Schmerzen in der Schulter, woher diese Schmerzen kamen, war unklar, der Verdacht bestand, dass die Schmerzen durch den Krebs ausstrahlten. Eine Vielzahl von Vitamintabletten war vorgesehen. Das Angebot umfasste alles von Vitamin B bis hin zu L-Carnitin. Die Misteln wurden wöchentlich von mir injiziert. Die Misteltherapie stellt eine naturheilkundliche Behandlungsform dar, die gegenwärtig häufig in der alternativmedizinischen Krebstherapie begleitend oder zur Nachbehandlung eingesetzt wird. Die therapeutische Wirkung, die im Rahmen der Misteltherapie zur Krebsbehandlung genutzt wird, entfaltet sich ausschließlich durch Injektionen. Im Herbst bekam Mama CBD, sie konnte so schlecht schlafen. Es half, Mama hat zwar morgens gelallt, als hätte sie eine ganze Flasche Wein getrunken, aber dennoch, half es beim Schlafen.

Mein Geburtstag stand an, ich hatte Angst, wie dieser Tag sein wird, ob es mein letzter Geburtstag sein wird mit Mama zusammen, wie es ihr gehen wird an diesem Tag. Aber sie tischte auf für zehn. Genauso wie an Weihnachten– das hat sie geliebt. Eine Armee hätte satt werden können. Für Mama war das Jahr 2020 ein turbulentes Jahr. Sie ist den Weg gegangen; ihren Weg. Jeden Tag, mehrere Stunden, war sie weiterhin im Wald. Auch über die Feiertage war sie in ihrem geliebten Wald. Mama setzte sich in den Kopf, wieder zu arbeiten. Auch wenn es nur ein Minijob wäre, sie wollte wieder etwas tun. Ihr ist die Decke langsam auf den Kopf gefallen. Durch das Zuhause-Sein, begann ihr Gedanken-Karussell. Sie war sich bewusst, dass eine reguläre Erwerbstätigkeit nicht mehr möglich sein würde. Dennoch stellte die Abwesenheit von Arbeit ebenfalls keine Lösung dar.Mama hatte Freude an ihrer beruflichen Tätigkeit. So nutzte sie aber erstmal die Zeit und recherchierte weiter im Internet nach Heilern. Sie begann,

Kontakte zu Heilern und Schamanen aus verschiedenen Teilen der Welt zu knüpfen.

So waren abendliche Meditationen schon fast Standard. Es durfte für 30-60 Minuten keiner stören. Aus ihrem Schlafzimmer ertönte leise Entspannungsmusik.

Ich habe mich so in die Arbeit gestürzt, aus Angst, was mich zuhause erwarten würde Corona erschwerte die Situation, die Ausgangssperren, Isolation der Außenwelt. Es war alles neu. Mama hatte zum Glück eine Maskenbefreiung erhalten. Trotz Corona habe ich viele Dienste geschoben. Ich habe soweit es ging, auf der Arbeit versucht, alles zu vergessen und meinen Job zu machen. Nach den Arztbesuchen war es erforderlich, meinem Papa in aller Ruhe zu erläutern, was besprochen worden war. Fachbegriffe musste ich verständlich machen und einem Schlossermeister auf einfache Weise erklären, welche Entwicklungen nun bevorstanden. Mama hat sich in dem Jahr aber auch geändert. Sie wurde ruhiger. Mama war ein Wirbelwind. Sie war aufbrausend und stur. Wenn sie lesen würde, dass ich schreibe, dass sie stur war – ohje. Sie sagte immer, sie sei eigensinnig, aber nicht stur. Wenn sie wusste, dass sie im Recht war, wurde es so lange ausdiskutiert, bis das Gegenüber merkte, es hat keine Chance mehr. Aber das änderte sich, mit Beginn von Corona und der Diagnose, wurde sie stiller. Auf Nachfrage gab sie weiter an, es würde ihr gut gehen. Sie machte sich schick, zog sich fein an und schminkte sich – auch wenn sie nur in den Wald ging!

Kapitel 3

Ein weiteres Jahr- Segen oder Fluch?
Neues Jahr – Neues Glück?

Sie reichte einen Antrag auf Rehabilitation ein und wählte das Meer als Ziel aus. Sie hatte eine Vorliebe für das Wasser und die weite Stille am Strand. Mama erhielt die Genehmigung für ihre Rehabilitation, worüber sie sich sehr freute. Vor allem freute sie sich, ans Wasser zu kommen. Von heut' auf morgen hieß es: „Frau Q., Sie können nächste Woche anreisen." So schnell war noch nie ein Koffer gepackt, wobei es genau genommen drei Koffer waren. Ich glaube, sie hat ihren gesamten Schrank darin verstaut. Für jede Wetterlage war Kleidung in diesen Koffern. Und natürlich durfte ihr Hochfrequenzgerät nicht fehlen. Am Tag der Abreise verabschiedete ich mich am Morgen nur kurz. Mama musste mit einer Fähre reisen, und Mama war in der Tat aufgeregt. Sie war sich nicht sicher, ob sie vor Aufregung über die Reling spucken musste oder nicht. Aber, wie alles im Leben, versuchte sie es mit Humor zu nehmen. Da man ihr noch immer den Krebs nicht angesehen hatte, hat Mama immer gesagt: „Anderen geht es schlechter als mir, ich habe die Reha gar nicht verdient." In diesen Momenten hat man gemerkt, dass sie aus der Pflege kam: Immer erst die anderen, dann sie selbst; außer bei Medikamenten – da hatte ich das letzte Wort, das war aber auch in Ordnung für Mama.

Sie genoss die Zeit auf Borkum richtig. Mama erzählte jedem davon, schickte Bilder. Auch bei der Reha herrschte ein straffes Programm. Von Yoga über Atemübungen bis zu Kälte-Wärme Anwendungen. Manchmal gab es Tage, an denen ich zwischendurch eine kurze Nachricht erhielt, in der sie berichtete, wie sie geschlafen hatte, und dass sie sich am Abend erneut melden würde, da sie noch Anwendungen hatte. Als Mama dann nach drei Wochen wieder kam, bekam sie schwerer Luft. Der Arzt vermutete, dass sich die Lunge durch die Meeresluft regenerierte. Daher nahm sie wieder ihr gewohntes Programm auf: Waldspaziergänge, frische Luft und Radfahren. Das CBD war nicht mehr im Einsatz; stattdessen erhielt sie nur noch bei Bedarf Schmerzmittel. Ich bat sie, ein Röntgenbild der Lunge anfertigen zu lassen, was sie auch tat.

Eine Blöde Idee war das, die ich da gehabt hatte. Der Tumor war größer geworden. Schock für alle, nur nicht für Mama. Sie nahm es mit einer Gelassenheit – unglaublich und unverständlich! Während ich mit den Tränen kämpfe und auch Papa angesehen hatte, dass diese Nachricht tief saß, blieb Mama vollkommen gelassen, „Ach, ich habe jetzt lange kein Röntgen gemacht, wer weiß, seit wann er größer geworden ist." Ab da bekam der Kleine in ihrer Lunge den Namen „Rüdiger", „Rüdiger" hörte sich besser an, als „der Krebs", und auch deutlich harmloser!

Es ging alles weiter wie zuvor, auch erhielt sie ab da einmal die Woche eine Infusion von ihrem Hausarzt, Vitamin C hochdosiert! Diese Infusion ist darauf ausgelegt, gezielt gegen Krebszellen vorzugehen und gesunde Zellen zu schonen. Zudem soll sie die Lebensqualität verbessern.

Nach der Reha ging es Mama so gut, dass sie sich entschloss, noch einmal zu ihrer Mama zu fahren, mit dem Zug, alleine. Prinzipiell alles kein Problem, aber diese Fahrt hatte es in sich. Die Zugfahrt war schweißtreibend. So hatte sie nur eine Minute Umsteigezeit um von Gleis zu Gleis zu kommen, für einen Menschen mit Lungenkrebs – sportlich; noch sportlicher als es für einen gesunden Menschen wäre. Aber – sie schaffte es. Ach, und Corona hatten wir ja auch noch, also – Maskenpflicht Ende August, denn die Maskenbefreiung war ausgelaufen und so musste jeder, trotz Befreiungen Masken tragen. Erleichtert und müde kam sie bei meiner Tante (Mamas Schwester) und Oma im Schwarzwald an. Sie verbrachte erneut eine schöne Woche- und bei ihrer Schwester, mit Oma; half Oma im Haushalt, half ihrer Schwester, ging alte Freunde und Nachbarn besuchen. Zu Omas Geburtstag hat Mama gebacken, als wenn das halbe Dorf kommen würde – aber, wie sollte es anders sein, auch wenn nur die Verwandtschaft vor Ort war, es wurden alle 4 Kuchenbleche an diesem Tag leer. Sie konnte aber auch verdammt lecker backen! Nach dieser Reise sollte es auch das letzte Mal gewesen sein, dass sie dort war. Als hätte sie es gewusst, als hätte sie einen leisen und heimlichen Abschied von ihrer Heimat genommen. Dennoch sollte es ein schönes Jahr für Mama werden. So lernte sie eine Heilerin aus Österreich intensiver kennen. Wunderbare Frau, sag ich! Sie hatten im Vorjahr schon Kontakt gehabt, aber 2021 vermehrt. Sie hat Fernheilungen gemacht und Rituale durchgeführt. Sie kam für drei Tage zu uns. Schamanin war sie. Faszinierend! Nach diesen Tagen hatte Mama wieder unfassbare Energie und Lebenswillen. So wollte sie im Oktober nach Sylt. Ein Herzenswunsch von Mama. Diese Insel hatte sie schon immer schön gefunden. Gesagt, getan. Wenn Mama sich etwas in den Kopf gesetzt hatte, wurde dies auch umgesetzt. So fuhr sie mit einer Freundin nach Sylt. Sie verbrachte viel Zeit am Strand, wenig am Handy. An ihrem 57. Geburtstag sind die Damen elegant essen gegangen. Mama liebte es, sich für bestimmte Anlässe schick zu machen. So auch diesmal. Auch in diesem Urlaub, ähnlich wie auf Borkum, gab es nur wenige Nachrichten von Mama; sie genoss die weite Stille. Sie bummelte in den kleinen Läden und genoss Nachmittage am Strand – alleine, ohne andere.

Nach dem Urlaub spürte man, dass irgendwas anders war. Mama war ruhiger, zurückhaltender. Als wenn sie etwas bedrücken würde. Jedoch sprach sie nicht darüber. Aber als Tochter spürt man auch, wenn es der eigenen Mama nicht gut geht. Der Dezember rückte näher, die Weihnachtszeit ebenfalls. Mein Geburtstag stand vor der Tür. Jedoch war es irgendwie anders als sonst. Mama war schnell müde. Morgens frühstückten wir gemeinsam, gegen Mittag legte sie sich schlafen. Sie war erschöpft. So ging es fast jeden Tag. Sie legte sich hin und schlief fast den ganzen Tag. Für mittags kündigte sich der Hausarzt an, dadurch, dass Mama nicht mehr so belastbar war und schnell erschöpft war, führte der Hausarzt Hausbesuche durch, er nahm sich sehr viel Zeit. Da wir den gleichen Arzt hatten, erklärte er sich bereit auch mir die bevorstehend Corona- Impfung zuhause zu geben. Mama lehnte sie ab, sie wollte sich bei ihm melden, wenn sie sich danach fühlen würde. An diesem Morgen war eine Freundin zum Frühstücken da, auch sie merkte, dass Mama irgendwie anders war. Vielleicht lag es auch an der Jahreszeit – war unser Gedanke. Auch Weihnachten sollte anders sein. Mama ging es nicht gut. Durchfälle und extreme Müdigkeit. Sie hatte kaum gegessen, zum Trinken haben wir ihr literweise Tee gebracht. Es war ruhig, zu ruhig. Mama hatte den 24.12.2021 tapfer gemeistert, die Tage danach war sie nur am Schlafen. Auch an Silvester. Ob wir Angst hatten? Ja! Ja, verdammt! Es gingen uns tausend Dinge durch den Kopf. Es war aber auch nichts mehr, wie es war. Sollte es das gewesen sein? Wird Mama sterben? Wir wussten es nicht, woher auch, allwissend ist schließlich niemand. Aber das waren Dinge, die einem durch den Kopf gingen. Unvorstellbar. Was ein beschissener Jahreswechsel.

Kapitel 4

Auf ein neues Jahr...

Mama raffte sich wieder auf, sie ging in den Wald. Allerdings nur noch selten. Eher wenig. Meist verbrachte sie ihre Zeit mit Putzen oder Backen und Kochen, Dinge, die sie nicht so belasteten; beim Laufen oder Gehen wäre ihre Kurzatmigkeit noch deutlicher geworden. Dass sie weniger Luft bekam, war aufgefallen. Sie hat es nicht zugegeben. Sogar abgestritten. Es käme von der Heizungsluft, es würde im Sommer besser werden. Medikamente nahm sie weiterhin kaum. Mit dem Essen war es so eine Sache, sie hatte zwar weiter versucht, wenig Fleisch zu essen und experimentierte weiterhin viel herum mit den verschiedensten Lebensmitteln. Aber eine strikte Diät hatte sie nicht eingehalten. Im März 2022 der große Schlag. Dieses Jahr erwischte Corona mich. Es begann mit kompletter Abgeschlagenheit, von Stunde zu Stunde, wurde mir wärmer und der Husten trockener. Also ging ich vorzeitig von der Arbeit nach Hause und aß dort erst einmal etwas, zu meinem Bedauern schmeckte ich absolut nichts. Ich habe also kurzerhand einen Corona-Test gemacht, der mehr als deutlich war, ich konnte es mir denken, schließlich passten alle Symptome und mein Handy zeigte mir mehrere Warnungen an, dass ich mit infizierten Personen kontakt hatte. Also, alle Türen zu, Desinfektionsmittel zu mir. Aus Angst, dass ich Mama angesteckt haben könnte, machte sie auch einen Test gemacht. 15 Tage verbrachte ich in meiner Isolation. An diesem Tag lag sie viel im Bett. Ihr Ablauf war morgens anders. Sie hat gefrühstückt, meist mit meiner Oma dabei telefoniert und sich im Anschluss wieder hingelegt. Kurz bevor ich von der Arbeit nach Hause kam, ist sie aufgestanden und ab und an am späten Nachmittag in den Wald gegangen. Nachdem ich mich dann brav hinter meinem Zimmertüren verschlossen habe, habe ich die ersten zwei bis drei Tage jeden Tag mit Mama telefoniert, Facetime, ganz neue Welt für Mama, aber so haben wir

dann zusammen gegessen, sofern ich etwas geschmeckt habe.
Das Telefonieren wurde weniger, ich habe gemerkt, irgendetwas stimmt nicht Sie hat häufig lange geschlafen, obwohl sie früh zu Bett gegangen ist. Auch während des Tages hat sie weiterhin viel geschlafen. Ich habe mir Sorgen gemacht, ob ich sie nicht vielleicht doch angesteckt habe, so musste sie nach fünf Tagen nochmals einen Test machen. Hier muss man auch erwähnen, sobald es jemandem aus der Familie schlecht ging, hat Mama alles aufgefahren, was zu einer Rundumversorgung gehört: Essen, worauf man keinen Hunger hatte, weil man einfach keinen Appetit hatte, Tee über Tee. Hausmittelchen und ganz viel Liebe. Aber irgendwie blieb das diesmal aus.

Mir ist aufgefallen, dass Mama wenig im Haus am Laufen war, und irgendwie atmete sie anders als sonst. Lassen wir die Dinge nicht übermäßig negativ erscheinen! Auf Nachfrage sagte sie weiterhin total tough, es wäre nichts ... Der Tag war gekommen – ich war wieder frei. Diesen Tag nutzten Mama und ich und suchten ihr ein E-Bike aus. Mama war voller Vorfreude. Dass es nur ein Traum bleiben sollte, konnte keiner ahnen. Wir suchten also ein ansprechendes E-Bike aus- Mintfarben wurde es, fuhren nach Hause, da es nicht in mein Auto passte. Ich ging wieder, wie gewohnt, arbeiten. Gemeinsam mit Papa habe ich das Fahrrad zum Wochenende abgeholt, Mama freute sich irgendwie nicht mehr so richtig. Den nächsten Tag fuhr sie zwar, aber nur um zu sehen, ob der Sattel noch höher oder niedriger gestellt werden musste. Mehr Motivation zum Fahren gab es nicht.

Es kam selten vor, dass Papa mich in der Arbeit angerufen hat. Mama hat mir an diesem Morgen- es war am 26.04.2022, auch nicht geschrieben, wie sie es sonst immer tat. Als Papa anrief, stockte mir kurz der Atem. „Du, wir sind beim Arzt, Mama hat so Herzrasen gehabt und bekommt schwer Luft. Das weißt du aber nicht von mir. Ich melde mich später nochmal." Zack, weg war er. Wie jetzt? Was heißt das denn wieder? Ich komme zwar aus der Pflege, aber irgendwie fühlte ich mich bei Mama immer so, als käme ich nicht aus dem Beruf. Sie war nicht die typische Patientin, die den Symptomen entsprach, im Gegenteil. Sie war für Überraschungen gut. Ich kam nach Hause, irgendwie sehr zerstreut. Der Tag war auf der Arbeit ziemlich stressig und turbulent gewesen. Papa erzählte mir schon ein wenig draußen, also ging ich zu Mama, sie lag im Bett und döste. Total lässig und cool sagte sie mir, „Du glaubst es nicht, die Ärztin wollte mich in die Klinik schicken, weil ich schlecht Luft bekomme." Ich dachte: „Hm, Mama. In der Regel hat es einen Grund, wieso ein Arzt jemanden in die Klinik schicken möchte." Es dauerte ein paar Minuten, bis Mama dann erzählte, ihre Sauerstoffsättigung wäre ja nicht gut. Kaum ausgesprochen, habe ich ihr den Pulsometer an den Finger geklemmt- den Pulsometer hatten wir vom Hausarzt irgendwann mal bekommen; Mama sah anders aus, ihre Lippen waren bläulich. „Mama, wieso zum Teufel bist du nicht in der Klinik?" Was fragte ich denn? Die Antwort kannte ich. „Mir geht's doch nicht schlecht."

Der Wert lag bei 95 %. Gut ist' was anderes. Ich begann mir Sorgen zu machen. Nachdem ich mich gefangen hatte, habe ich die Tasche gepackt und Mama gesagt, sie sollte den Bereitschaftsdienst im Krankenhaus anrufen und sagen, dass wir kommen. Ich hatte gegen Mamas willen entschieden. Man, gut, dass ich so entschieden hatte. Weiterhin total cool und entspannt ging sie erst einmal duschen. Ich habe währenddessen Papa alles erklärt; ist ja nicht so, dass Mama am Morgen schon in die Klinik gekonnt hätte. Was bei Papa ein wenig Unmut aufbrachte, aber auch der verzog sich. Gegen 18:30 Uhr trafen wir ein. Ab hier merkte ich, es wird nichts mehr gut und die Lage ist ernster, als ich angenommen habe.

Mama kam nicht einmal bis zur Tür alleine, weil sie keine Luft mehr bekam. So ging ich also in die Notaufnahme und besorgte einen Rollstuhl und brachte Mama dann in die Notaufnahme. Mir gingen Tausende Dinge durch den Kopf, Mama anscheinend gar nichts. Sie war lässig und cool unterwegs. Aber Hauptsache die Haare sitzen und der Lippenstift sieht gut aus. Ich habe Mama auf den entsprechenden Bereich gebracht. Erst einmal wurden alle Daten aufgenommen, ich hatte zu Beginn der Diagnose einen Ordner angelegt, genau für solche Fälle. Arztbriefe, Patientenverfügung, Vorsorgevollmacht, Blutbilder. Diesen drückte ich einer Schwester in die Hand. Mama musste die erste Nacht in der Notaufnahme verbringen, da die Klinik umgebaut worden war und erst Kapazitäten frei werden sollten. Am Folgetag wurde sie verlegt auf eine andere Station und es wurde ein Röntgenbild gemacht. Nun ja, es hatte seinen Grund, weshalb der Arzt wollte, dass sie in die Klinik ging und wieso die Sauerstoffsättigung nicht gut war. Sie hatte ein Lungenödem. „Was ist das denn schon wieder?", fragte Papa. Irgendwie habe ich ihm erklärt, dass es „Wasser in der Lunge" ist, zumindest erklärt man dies umgangssprachlich so. Die Ärzte haben Mama am linken Lungenflügel punktiert, blöd nur, dass der Tumor rechts saß und nun beide Lungen eingeschränkt waren. Es kamen sage und schreibe eineinhalb Liter Flüssigkeit heraus. Sie bekam einen Rollator und ein Sauerstoffgerät. Die Dame vom Sozialdienst teilte mit, dass Mama erst entlassen werden sollte, wenn wir Sauerstoff zuhause hatten. Da dies ein paar Tage länger dauerte, musste Mama also dortbleiben. Ich habe sie einmal besucht, um Kleidung zu wechseln. Und was soll ich sagen, ich hatte Angst, in die Klinik zu fahren. Mama hatte zwar immer Bilder geschickt, Selfies oder vom Essen, aber das ist etwas anderes, als seine eigene Mutter an Schläuchen zu sehen. Ich also total gelassen dahin, mit einem Strauß Blumen von Papa und mir. Innerlich war so gar nichts gelassen. Als ich dann in das Zimmer kam, schossen mir Tränen in die Augen, zum Glück musste ich eine Vase von einem Schrank im Flur holen. Mama hat nichts gemerkt, zumindest denke ich das. Wir haben kurz gesprochen, ich war, glaube ich, dreißig Minuten dort. Wir haben alles Wichtige für zuhause besprochen, wie ich das alles Papa erkläre und wie es nun weiter ging. Eins war für mich klar, ich wasche Mama nicht, das habe ich ihr auch gesagt – natürlich musste sie lachen.

Also, zuhause angekommen, irgendwie alles Papa erklärt. Irgendwie so, dass er keine Angst davor hatte, aber ganz ehrlich, so etwas klappt einfach nicht. Wie soll man so etwas jemandem erklären, der weder Ahnung von Pflege hat, noch seinen Ehepartner so sehen möchte? Der Tag der Entlassung rückte näher. Da ich Mama im Krankenhaus gesehen habe, überredete ich sie, ein Boxspringbett zu kaufen, da sie kein Pflegebett wollte. Bei aller Liebe, ich weiß nicht, wieso ich das so wollte – Instinkt? Gibt es so etwas? Ich wusste nichts mehr. Nun ja, ich habe Mama abgeholt, beim Abschluss-Gespräch mit dem Arzt herrschte eine ganz merkwürdige Stimmung, der Arzt war nett, aber irgendwie ließ mich der Gedanke nicht los, dass sie etwas festgestellt hatten, was ich nicht wissen sollte. Er faselte etwas von: „Vielleicht überdenken Sie das doch noch einmal mit der Chemotherapie, es wäre einen Versuch wert. Sie sind noch so jung." Sein Blick sprach irgendwie Bände.

Nun also der Weg zum Auto; in der Klinik war noch alles total einfach gewesen, aber unten beim Ausgang angekommen, stellte sich der Weg zum Auto doch etwas schwierig dar. Also habe ich Mama geschoben auf ihrem Rollator, nun kommt die Pflegepolizei und wird meckern, dass hierbei vieles passieren könne. Ja, richtig, einen anderen Weg gab es aber nicht, und da Mama drängelte und unbedingt nach Hause wollte, musste ich mich für diesen Weg entscheiden, Mama auf dem Rollator zu schieben.

Zuhause angekommen, musste erst einmal der Arztbrief und alles mit Papa besprochen werden, wir saßen in der Küche. Mama atmete schwer, was Papa sehr unruhig machte. Sie hatte keine Geduld und wollte baden. So sollte ich Papa alles alleine erklären, was der Arzt sagte, was im Bericht stünde und welche Untersuchungen gemacht wurden – witzig, als wenn ich dabei gewesen wäre. Also haben wir entschlossen, das besprechen wir, sobald Mama in der Wanne liegt. Sie da aber erst einmal hinbekommen mit dem Sauerstoffschlauch, war gar nicht so leicht. Und darf man mit dem Teil eigentlich baden? Naja, probieren wir das doch einmal aus! Als Mama eingestiegen ist, habe ich sie gehalten, sie war irgendwie sehr wackelig auf den Beinen. Ab da habe ich realisiert, dass nichts mehr wie vorher ist. Mir schossen die Tränen in die Augen. Ich weiß nicht einmal warum.

War es der Anblick? War es die Situation? Nachdem sich dann die Gemüter beruhigt haben, also eigentlich nur meines, habe ich versucht, Papa nach bestem Wissen und Gewissen alles zu erklären. By the way, ist nicht so einfach, dass so richtig einfach zu erklären, ohne dass der gegenüber völlig in Panik verfällt. Mit diesem ewig langen Sauerstoffschlauch kamen wir dann im Laufe der Woche alle klar. Dass meine Mutter nun auch noch Tabletten für die Schilddrüse einnehmen musste, war mir unverständlich, ebenso wie die Medikamente für den Puls und den Blutdruck. Auch der Hausarzt fand dies rätselhaft, jedoch haben wir es vorerst so belassen und lediglich eine geringe Reduzierung vorgenommen. Schmerzen hatte sie aber noch immer nicht; also nur leichte Analgetika hat sie genommen. Circa zwei bis drei Wochen später begannen die Symptome erneut, sie war kurzatmig und die Sauerstoffsättigung war zu niedrig- trotz Sauerstoffgerät. Also hat sie kurzerhand einen Termin bei einem Onkologen bekommen, er hat Mama erst einmal aufgenommen und erfragt, wie der aktuelle Stand sei. Auch hier hat Mama so getan, als wenn sie von einer Erkältung sprechen würde. Der Doktor hat ein Ultraschall gemacht, hier wurde erneut ein Lungenödem festgestellt. Wie soll es anders sein, Mama wollte da erst einmal darüber nachdenken. Also theoretisch sollte sie wieder in die Klinik, da ein Lungenödem rezidiv ist, also immer wieder kommen kann. Ich habe nicht ganz verstanden, wie man so tiefen entspannt sein kann, wie Mama in diesem Moment. Also kehrten wir nach Hause zurück, und meine Mama berichtete es zunächst Papa. Nach dem ganzen Hin und Her entschloss Mama sich dann doch in die Klinik zu begeben; also, ich zum Onkologen und den Einweisungsschein holen. Mama hat in der Zeit wieder die Tasche gepackt. Aber, kein Stress, also das Gleiche wie beim ersten Aufenthalt. Mama hat danach noch geduscht und gegessen. Also abends zum Krankenhaus. Gleiches Prozedere, Notaufnahme, weiter durfte ich nicht mit. An diesem Abend wurde natürlich nichts mehr gemacht, am Folgetag wurden erst einmal Untersuchungen durchgeführt. Es sollte eine Drainage gelegt werden. Was das nun wieder ist? Ja, auch das wusste ich nicht. Also doch, aber eben nicht in der Lunge. Drainagen haben in der Medizin die Funktion, überschüssige Körperflüssigkeiten oder eingedrungene Gase aus Körperhöhlen abzuleiten. Je nach ihrem Wirkungsort werden sie in innere und äußere Drainagen unterteilt. Also wurde dieses Teil unter Narkose gelegt. Auch hier habe ich Mama im Krankenhaus besucht. Auch hier habe ich die Klinik mit Tränen verlassen. In den paar Tagen, als sie in dem Krankenhaus war, hatte sie irgendwie abgenommen. Dieser Schlauch, gefüllt mit Blut und Sekret, der an der Seite der Lunge ragte, war seltsam anzusehen und dann noch der Sauerstoffschlauch ... Ohne den ging nichts mehr. Mama versuchte, optimistisch zu bleiben, versuchte, sich nicht anmerken zu lassen, dass sie selbst vor dem, was noch passieren würde, Angst hatte. Ich habe Papa unter Tränen angerufen, wir sollten über einen ambulanten Dienst nachdenken, da sie körperlich abgebaut hatte, auch der Drainagebeutel musste gewechselt werden, ich war mir bis dahin sicher, dass ich dies so nicht kann. Das Telefonat- ein Schlag ins Gesicht für Papa. Es war doch bis vor Kurzem noch alles gut?! Naja, wir wollen 'mal den Kopf nicht in den Sand stecken. Bis dato ging ja auch alles gut. Ein paar Tage später wurde Mama entlassen. Wir, also Papa und ich, haben Mama zusammen abgeholt. Mama kam uns in einem Rollstuhl entgegen, der nächste Schlag ins Gesicht. Wann war das passiert, dass sie nicht mehr Laufen konnte? Mama war schwach. Zuhause angekommen, musste sie sich erst einmal hinlegen. Wir haben danach weitergesprochen, wie es nun weitergehen sollte. Am selben Tag kam noch die Dame mit den Drainageschläuchen, die ich alle zwei Tage erst einmal wechseln sollte. Das Ablassen der Flüssigkeit tat Mama weh. Durch das Vakuumgefäß war der Sog stark und verursachte Schmerzen, daher hat Mama mehrere Positionen ausprobiert, dass es nicht wehtut. Die erste Zeit war noch alles erfreulich. Mama ging am Rollator durch das Haus, mit dem Sauerstoffgerät kam sie zurecht, sie waren keine Freunde, aber sie arrangierte sich mit dem Teil.

Durch die Ansammlung des Wassers wurde regelmäßig der CRP-Wert ermittelt, dies ist ein Wert für den Entzündungsparameter. In den Wald ging Mama mit dem Schlauch nicht mehr. Sie ist noch einmal mit ihrem E-Bike eine etwas längere Strecke gefahren, sie hatte zwei Flaschen mobilen Sauerstoffs, so konnten gegebenenfalls Termine beim Arzt, im Krankenhaus zu Kontrollen oder zur Krankengymnastik wahrgenommen werden. Zur Krankengymnastik ging Mama bist lang in die Praxis, aber mit Beginn des Rollators, wollte Mama nicht mehr raus, es war ihr unangenehm, so wurden Hausbesuche durchgeführt. Wir waren ein allerletztes Mal zusammen im Wald, in einem Stück, in dem keine Menschen sind, auch wenn sie Monate lang nicht mehr im Wald war, konnte ich sie überzeugen, mit mir gemeinsam eine kleine Runde zu gehen, langsam, mit dem Sauerstoffgerät, ohne dies war ein Spaziergang auch nicht mehr möglich.

Ich glaube, Mama hat sich hier vom Wald verabschiedet. Schon die kleinste Strecke war anstrengend für sie. Es tat mir so leid, sie da so zu sehen.

Mama erhielt zwei Mal die Woche Krankengymnastik, wobei unter anderem Atemübungen trainiert wurden. Im Sommer war Mama eine Woche lang so abgeschlagen, dass sie nicht aus dem Bett kam. Sie war nur am Schlafen und hat kaum gegessen. Der CRP-Wert war zu hoch. Der CRP-Wert (C-reaktives Protein) ist ein endogenes (körpereigenes) Protein, das bei entzündlichen Prozessen in erhöhtem Maße freigesetzt wird. Warum auch immer, eine Erklärung gibt es bis heute nicht. Kurzerhand hat Mama Antibiotika erhalten- der erhöhte Wert und die Immobilität waren ein starker Rückschlag. Wenig Tage nach der Antibiotika Gabe, ging es ihr deutlich besser. da wurde wirklich nichts mehr, wie es war. Mama hatte für die Nacht einen Toilettenstuhl am Bett, da sie den Weg zum Badezimmer nicht mehr schaffte, und zur Sicherheit ein Steckbecken. Ab da habe ich begonnen Mama zu waschen, beziehungsweise habe ich erstmal nur Unterstützt, indem ich ihr den Rücken gewaschen habe, die Arme, wenn Mama keine kraft hatte. Maximal befremdlich, seine eigene Mutter zu waschen! Mama hat versucht, es mit Humor zu nehmen, aber sie hatte gemerkt, dass es nicht mehr so lustig war. Sie wurde immer kurzatmiger. Die Sauerstoffsättigung war allerdings noch sehr gut für ihre Diagnosen. Im Laufe des Sommers musste die Drainage nur noch einmal die Woche gewechselt werden. Im Juli schlug der Hausarzt vor, die Drainage zu ziehen, hierfür musste Mama noch einmal ins Krankenhaus zur Kontrolle, er hatte einen Transport bestellt. Ich bin morgens zuhause geblieben, habe sie versorgt, ihr Essen gemacht und den Sanitätern erklärt, wie sie mit Mama umgehen sollten – ich habe es dann mit ihr selber gemacht, das Umsetzen, da sie kurz vor einer Panikattacke stand und Angst hatte, vom vielen Reden keine Luft zu bekommen. Nachdem Mama im Krankentransport saß, bin ich zur Arbeit gefahren. Gegen 10 Uhr schrieb sie mir, ich solle Papa anrufen und sagen, sie komme nach Hause. Ihr Aufenthalt war sehr kurz und viel geredet hat sie mit mir auch nicht. Als ich nach der Arbeit nach Hause kam, berichtete Papa, dass Mama sehr still gewesen sei und nicht viel gesprochen habe. Die Drainage ist jedenfalls noch da, wo sie war – sie wird auch nicht gezogen. Also blieb alles, wie es ist, einmal die Woche Drainage ablassen. Ich war routiniert. Also theoretisch war der ganze Tag routiniert von mir und meinen Eltern. Bevor ich zur Arbeit gefahren bin, habe ich Mama auf den Toilettenstuhl gesetzt, beziehungsweise ihr beim Umsetzen geholfen. Während ich arbeiten war, hat Papa sich um Mama gekümmert, ihr Frühstück gemacht, sie versucht, in das Wohnzimmer zu mobilisieren und so weiter. Mama hat, aufgrund ihrer Luftnot, Panikattacken entwickelt. Tagsüber sowie auch nachts. Sie war zum Teil kaum zu beruhigen. Eines Abends war es so schlimm, dass der Arzt ihr Tavor verabreicht hat. Tavor ist ein rezeptpflichtiges Schlaf- und Beruhigungsmittel, das zur Gruppe der Benzodiazepine gehört. Es wird zur Behandlung von Epilepsien, als Narkosemittel sowie zur Beruhigung eingesetzt. Ab diesem Zeitpunkt hat Mama dies fest bekommen zu ihrem Morphin. Für eine Krebspatientin war sie noch relativ niedrig eingestellt mit dem Morphin, insgesamt hat sie über den Tag 60 mg Morphin erhalten und bei Bedarf konnte sie ebenfalls sechs Tabletten zu sich nehmen. Da die vielen Tabletten natürlich unfassbar müde machen, haben wir versucht, die Bedarfsmedikation so selten wie möglich zu geben. Irgendwann war Mama aber an einem Punkt, an dem sie bei der kleinsten Mobilisation Luftnot bekommen hat. Das Duschen war eine Katastrophe, sobald sie wusste, dass ich sie duschen werde, bekam sie Panik. Also begann ich, sie auszutricksen und habe, ihr gesagt, dass ich sie nur in das Wohnzimmer bringe, und habe sie kurzerhand ins Badezimmer geschoben. Sie hat in der Zeit gut Luft bekommen und es war alles gut. Da sie den Trick nun kannte, musste ich bei jedem Mal kreativer werden. Mama bestand irgendwann darauf, zur Mobilisation ihren Bedarf zu erhalten, so zog sich die Mobilisation stundenlang dahin. Nach dem Frühstück musste sie meist erst einmal schlafen, dann hat sie ihre Bedarfstablette genommen und sich im Bett gewaschen und dann nach circa zwei Stunden konnten wir Mama mobilisieren. An den Wochenenden habe ich mit Mama Geh-Übungen gemacht, wir sind kurze Strecken gegangen, dadurch, dass sie im Sommer so lange immobil war, hat sie starken Muskelabbau gehabt und dies versuchten wir dadurch wieder aufzubauen. Ihr fehlten oft die Motivation und der Wille.

Mama war nicht mehr die Alte, sie lachte nur noch wenig, hatte ständig Angst und Sorge, keine Luft zu bekommen, der Pulsometer war immer in ihrer Nähe. Sobald der Sauerstoff unter 96 % war, geriet sie in Panik. Sie zu beruhigen war sehr schwer. Die nächtlichen Anrufe wurden mehr, alle hatten im Haus ein Telefon, womit Mama sich bemerkbar machen konnte. Unter der Woche hat Papa die Nachtschicht übernommen, ab Freitagabend war es meine Aufgabe. Es gab Nächte, die waren ruhig und es gab Nächte, da wollte man dieses Telefon am liebsten wegschmeißen. In diesen Nächten hatte sie Panikattacken, Luftnot oder ihr war kalt, in diesen Nächten hat sie halbstündlich bis stündlich angerufen. Man merkte, dass sie keine Lust mehr hatte, sie wollte nicht mehr. Früher war sie ein freiheitsliebender Mensch, sie ist gerne unterwegs gewesen, war viel und gerne unter Menschen. Bei der Arbeit war sie die Stimmungsmacherin, sie hat für gute Laune gesorgt. All das gab es nicht mehr. Sie wollte keinen Besuch mehr haben und Telefonieren wurde auch anstrengend. Aber sie wollte noch unbedingt in diese eine Reha, diese Reha in Süddeutschland. Naja, wie sollte das klappen? Wir hätten sie dorthin fahren können, jedoch hätte der Sauerstoff nicht ausgereicht, und sie war nicht mehr in der Lage, so lange zu sitzen. Letztendlich hatte sie erheblich an Gewicht verloren und war mehr Haut und Knochen als alles andere.

Wir konnten sie davon überzeugen, dass diese Reha nichts ist, zumindest zum jetzigen Zeitpunkt nicht, denn eine Reha ist eine Rehabilitation und dafür muss man mindestens laufen können. Sie willigte ein, dass wir weiter üben und es zum Ende des Jahres noch einmal anstreben. Mama wollte gerne ein Hospiz anschauen, dies taten wir auch. Angekommen, schauten wir uns alles in Ruhe an, uns wurden die Räumlichkeiten und der Tagesablauf erklärt. Mama schaute sich das Zimmer sehr ausführlich an, lächelte höflich, aber jeder der sie kannte, wusste, dass sie sich in den Räumlichkeiten nicht wohlfühlte. Es gab noch ein Gespräch mit dem Leiter des Hospizes und wir verabschiedeten uns. Die Rückfahrt war furchtbar schweigsam, aber die Gedanken bei allen waren so laut. Papa wollte partout nicht, dass Mama in ein Hospiz geht, er sagte öfter, es fühlt sich nicht richtig an, Mama in ein Hospiz zu geben, Mama wollte uns „entlasten" und wusste, in einem Altenheim würde dies nicht gehen, zu dem Zeitpunkt war Mama 57 Jahre, zu jung für ein Altenheim, auch der pflegerische Aufwand ist in einem Heim unrealistisch, Mama wusste dies aus eigener Erfahrung als Pflegekraft. Ich wusste irgendwie gar nicht mehr, was ich wollte. Wir haben das Thema dann erst einmal totgeschwiegen. Nach ein paar Tagen habe ich es erneut aufgegriffen und Mama gefragt, ob sie sich wirklich in einem Hospiz wohlfühlen würde. Natürlich nicht! Also lassen wir das auch einfach sein mit dem Hospiz. Es gab Tage, da war Mama goldig, dankbarer als sonst, liebevoll und zufrieden mit allem. Und dann gab es Tage, da ist ihr wieder eingefallen, dass sie ein Mensch ist, der Freiheit liebt und wir haben uns alle gestritten, weil Mama mit dem Kopf durch die Wand wollte, sie wollte sich mit Freunden treffen- aber niemand sollte zu Besuch kommen und „sie so sehen", sie wollte

Spazieren und war wütend auf alles und jeden, aber am meisten auf den Krebs. Sie wollte nicht wahrhaben, dass ihr Allgemeinzustand schlechter geworden ist und nichts mehr wird, wie es einmal war. Ich konnte es verstehen, aber wenn man als Angehörige wenig schläft, ist der Geduldsfaden wirklich sehr kurz und es gab Tage, da war der Faden gar nicht vorhanden. Und genau an diesen Tagen, schoss ihr durch den Kopf, dass man nicht schnell genug ist, sie nicht richtig versorgt. Ich weiß, Anschuldigungen, die sie nicht so meinte. Der Krebs verändert den Menschen, die Familie. Aber das am eigenen Leib mitzuerleben, ist hart. Papa und ich wussten oft nicht, wie wir damit umgehen sollen. Es gibt auch hier keine richtige Lösung.

Mama erhielt zum Spätsommer eine Immuntherapie. Häufig werden diese zusätzlich zu einer Chemotherapie verabreicht, jedoch gibt es auch Ausnahmen, in denen ausschließlich eine Immuntherapie durchgeführt wird. Nach der ersten Ablehnung der Krankenkasse und dem Widerspruch welchen Mama eingelegt hat mit ihrem Hausarzt gemeinsam, hat sie diese dann bewilligt bekommen, aber hier war das Problem: Wir konnten sie nicht in die Praxis bringen. Der Hausarzt und der Onkologe haben sich besprochen und so durfte diese Therapie zuhause durchgeführt werden. Wir haben das Präparat Prembrolizumab für die Immuntherapie geholt und der Arzt hat es i.V also in die Vene, angehangen. Im September hatte ich fast drei Wochen Urlaub. Mama schlief sehr viel, war sehr müde und kaum zu motivieren. In diesem Urlaub sollte ich noch ein Hospiz ansehen, sie wollte Papa und mich entlasten. Auch wenn Papa dies nicht so gut fand, habe ich es mir angesehen. Irgendwie schoben wir es vor uns her und Mama sprach auch irgendwann nicht mehr darüber. Ein Dank an diese Einrichtungen und schade, dass es davon so wenige gibt! Sie entwickelte Dekubiti am Steiß vom Liegen und Sitzen und da sie stark abgebaut hatte. Ein Dekubitus stellt eine lokale Schädigung der Haut und des darunterliegenden Gewebes dar, die durch anhaltende Druckbelastung verursacht wird und die Durchblutung der Haut beeinträchtigt. Mit Lavanidgel, das zur Reinigung von Wunden verwendet wird, Kompressen und einer Wundfolie konnte die Wunde gut versorgt werden, wäre dieses doofe Steckbecken nicht gewesen, ein Steckbecken, auch als Bettpfanne oder Bettschüssel bezeichnet, ist ein medizinisches Hilfsmittel, das in Krankenhäusern und Pflegeeinrichtungen eingesetzt wird. Es dient dem Auffangen der Ausscheidungen von bettlägerigen oder sturzgefährdeten Personen, die nicht in der Lage sind, die Toilette zu benutzen. Dadurch hielt es nicht und ging ständig ab. Nach langem Diskutieren mit Mama ließ sie sich darauf ein, dass bei der nächsten Visite angesprochen wird, dass sie einen Katheter bekommt, solange, bis die Wunden abgeheilt sind. Sie waren nicht tief, aber es waren mehrere Stellen. Der Oktober brach an. Mama hat im Oktober Geburtstag. Aber irgendwie sprachen wir diesmal nicht darüber. Als ich sie irgendwann fragte, was sie sich wünscht: „Nichts, ich habe alles und gesund werde ich nicht mehr." Autsch, das hat gesessen. Irgendetwas wird mir schon einfallen.

Ich bin wieder arbeiten gegangen, aber dieser eine Tag sollte nicht werden wie immer. Es war eine schöne Oktoberwoche, die Sonne schien und es war relativ mild. Am 04.10.2022 hatte Mama Krankengymnastik. Sie ist aufgestanden und, warum auch immer, sollten Papa und ich uns das anschauen, sie strahlte über das ganze magere Gesicht. Abends hat sie sich Pizza gewünscht; gesagt, getan. Ich habe mich zu ihr gesetzt und wir haben zusammen gegessen. Sie war so ruhig und müde. Als ich alles fertig hatte, habe ich mich noch ein wenig mit meinem Papa unterhalten, irgendwie hat sie sich nicht gemeldet. Als ich hochkam, hat sie tief und fest geschlafen. Ich weiß nicht wieso, ich bin an der Tür stehen geblieben und habe sie angesehen. Als sie wach wurde, sagte sie: „Irgendwas stimmt nicht, ruf den Arzt! Sie war Kaltschweißig, das hatte sie aber öfter, wenn sie schlecht geträumt hatte. Ich habe dennoch Fieber gemessen, irgendwie scheint das Gerät nicht zu funktionieren, da steht ‚LO'". Als ich bei mir gemessen habe – normale Temperatur. „Alles gut, Mama, du hast nur geschwitzt, ich mach' dich nun bettfertig, Tabletten nehmen, Steckbecken und Wundversorgung, okay?"

Papa wartete so lange, es war inzwischen schon 21:30 Uhr und ich merkte, wie müde ich wurde. Mama nickte immer wieder ein, was sehr untypisch war. Nachdem alles fertig war, drückte ich ihr einen Kuss auf die Stirn und ging ins Bett. Am Morgen danach, dasselbe Spiel wie jeden Morgen. Ich habe ihr eine Wärmflasche gemacht, während ich meinen Kaffee vorbereitet habe, und bin zu ihr, habe sie auf das Steckbecken versucht zu setzen, aber irgendwie war etwas merkwürdig. Ich habe Mama nicht wach bekommen, kein „Guten Morgen" oder „Hallo". Sie hatte beim Drehen keine Körperspannung und war so schwer wie noch nie. Papa und ich haben uns ein Buch zugelegt, in dem stand, wann sie das letzte Mal eine Bedarfstablette bekommen hatte, dass wir nicht zu viel geben. Dort stand nicht, dass sie nachts wach gewesen war, sobald sie eigentlich wach wurde, rief Mama an und forderte Bedarfsmedikation ein. Merkwürdig. Ich merkte, wie ich langsam wütend wurde, weil ich wirklich dachte, sie will mich ärgern und hat 'mal wieder den Schalk im Nacken. Nachdem ich das Steckbecken irgendwie unter ihr wieder hervorholen konnte, und alles fertig war, bin ich mürrisch zur Arbeit gefahren. Bis dahin, zeigte Mama immer noch keine richtige Ansprache- ich habe mir aber auch nichts dabei gedacht. Gegen 09:30 Uhr rief Papa mich an, nicht auf dem Handy, sondern auf meinem Büroanschluss. Ich war gerade in einem Rundgang für unsere neuen Küchen mit meiner Chefin. Ich sagte: „Ich ruf' gleich zurück." Und legte auf. Er rief wieder an.

„Ich bekomm Mama nicht wach, sie hat noch keine Tabletten genommen und sie antwortet nicht."

„Lebt sie noch?" – Dumme Frage, er wird ja wohl nachgesehen haben, ob sie noch atmet.

„Natürlich, aber sie wird nicht wach."

„Okay Papa, ich ruf' den Arzt an, soll ich nach Hause kommen?"

„Nein, melde dich bitte, was der Arzt sagt!"

Gesagt, getan, ich habe dem Arzt die Situation geschildert, er fragte noch, ob sie ins Krankenhaus soll. Natürlich nicht. Egal was hier gerade passiert, Mama bleibt zuhause. Der Arzt hatte seine Visite morgens durchgeführt, hier war Mama leicht ansprechbar gewesen. Er würde nachmittags noch einmal kommen. Ich war ab dem Zeitpunkt nicht mehr bei mir. Ich habe meinen Dienst noch irgendwie zu Ende gemacht und bin nach Hause gefahren. Als ich nach Hause kam, saß Papa oben. Es war so ruhig, anders ruhig. Leise ertönte Mamas Entspannungsmusik aus ihrem Schlafzimmer und das Sauerstoffgerät brummte vor sich hin. Ich bin aber erst zu Papa gegangen, habe meine Sachen abgestellt und bin dann zu Mama. Sie hat mich nicht bemerkt, eigentlich wacht sie auf, wenn ich vor dem Bett stehe. Mir schossen die Tränen in die Augen und ich wusste, es ist so weit. Ich bin zu Papa und hab einfach nur geweint. Ich bin noch einmal zu Mama und habe ihre Hand genommen, da drückte sie zu, ich habe ihr gesagt, ich trinke einen Kaffee und komm dann wieder, sie nickte. Ich weiß nicht einmal mehr, ob ich einen Kaffee getrunken habe, denn plötzlich kam der Arzt. An diesem Tag sollte Mama eigentlich ihre Immuntherapie erhalten. Wir sind gemeinsam hochgegangen. Papa blieb draußen. Der Arzt hat versucht, Blut abzunehmen, jedoch kam kein Blut mehr. Also auch keine Infusion. Einen Katheter wollten wir legen, aber auch hier haben wir uns entschieden, es zu lassen. Mama trinkt ja nichts mehr. Er hat ihr Morphin verabreicht und hat uns noch eine Flasche besorgt, die ich ihr als Tropfen geben kann. Ich habe es ihr immer versprochen, wenn sie geht, ohne Schmerzen. Gut, eigentlich habe ich auch immer gesagt, ich werde das niemals zuhause machen. Nachdem der Arzt weg war und Papa und ich uns erneut gesammelt haben, sind wir zu ihr, wir haben uns zu ihr gesetzt. Ich weiß nicht mehr wie lange. Mama war unruhig, sie runzelte die Stirn, schaute nach oben, hielt unsere Hände.

Da Papa nicht aus der Pflege kam, versuchte ich ihm auch diesen Schritt zu erklären. Ich habe versucht zu erklären, wieso wir sie alleine lassen sollten, was passieren kann und was auf uns zukommen kann, dass Mama sterben wird. In der Pflege erzählt man sich, dass Sterbende Menschen von Verstorbenen abgeholt werden und ihr eigenes Leben noch einmal erleben, daher auch die starke Mimik. Ich habe versucht Papa zu erklären, dass wir Mama immer gesagt haben, dass wir – also insbesondere auch ich, nicht Mama beim Sterben begleiten können, und es für sie gerade auch schwer sein könnte, wenn wir an ihrer Seite sind. Hm, gut, also sofern ich das erklären kann. Arbeit ist Arbeit, aber das bei der eigenen Mutter alles mitzumachen, ist doch etwas anderes. Einerseits wusste ich, was passiert, andererseits wollte ich es nicht wahrhaben. Also haben wir uns bettfertig gemacht, ich bin zu Mama und wollte ihr eigentlich sagen, dass wir nebenan sind und ihr noch einmal Tropfen geben. Sie hat nach Luft gezogen, ich habe Sauerstoff gemessen und Mama hat durch ihre Sauerstoffmaske nur „Luft,Luft" gesagt. Der Sauerstoff lag bei 35 %. Mir war noch nie so schwindelig und schlecht zugleich. Ich habe am gesamten Körper gezittert und Papa gerufen, er soll den Sauerstoff höher drehen, bis zum Anschlag. Er hat das Sauerstoffgerät höher gedreht, auf die Stufe acht. Langsam, sehr langsam ist die Sättigung wieder hoch. Ich habe Mama währenddessen zitternd das Morphin gegeben. Papa musste den Kopf halten, da beides zu schwer war, also den Kopf hochhalten und zeitgleich Oral Morphin verabreichen, zitternd ohne alles zu verschütten. Vor lauter Tränen habe ich auch nichts gesehen. Nachdem sich die Situation beruhigt hat, haben wir uns aufs Sofa gelegt. Wie damals, als ich klein war, und Alpträume hatte, habe ich mich auf Papas Bauch gelegt. Mama fing an zu brodeln oder auch Rasseln genannt. Rasselatmung, auch als präfinales oder terminales Rasseln bekannt, bezeichnet die geräuschvolle Atmung von Personen in den letzten Stunden oder Tagen vor dem Tod. Dieses Geräusch entsteht, weil die Betroffenen nicht mehr in der Lage sind, Speichel reflexartig zu schlucken oder Schleim abzuhusten. Dies führt zu einer lockeren Obstruktion der Atemwege, die das charakteristische Rasseln verursacht. Durch die Sauerstoffmaske war es noch lauter. Aber ich wurde irgendwie müde, sehr müde. Mama hatte den Schalk im Nacken sitzen, gegen 22 Uhr rief sie: „Hallo, Hallo!" Papa ist zu ihr gegangen. „Ich krieg doch noch Tabletten, es ist doch schon 22 Uhr, oder habt ihr das vergessen?" Papa war verwirrt, ich auch. Ich habe gesagt, wir geben nichts außer das Morphin. Die Angst war zu groß, dass sie sich verschlucken könnte. Danach bin ich noch einmal ins Badezimmer, Papa schloss alle Türen ab und ich hörte, wie sich das Bett von Mama bewegte, irgendwie spielte sie mit der Fernbedienung des Bettes herum. Bei aller Liebe, man stellt sich auf den Tod ein und dann spielt die mit dieser doofen Fernbedienung, ich habe mich vielleicht erschrocken! Ich habe sie noch einmal positioniert, habe ihr noch einmal Morphin gegeben und bin dann ins Bett. Es waren alle Türen auf, ich habe mir meinen Wecker nicht für die Arbeit ausgestellt, Mama war für Wunder gut, ich habe irgendwie gehofft, dass am nächsten Tag alles gut wird. Die Nacht war furchtbar lang. Jedes Mal, wenn ich nichts gehört habe, wollte ich mich selbst nicht bewegen. Ich glaube, Papa hat auch nicht viel geschlafen, es waren gefühlt immer nur Sekunden, in denen man geschlafen hat. Um 05:00 Uhr klingelte mein Wecker, ich bin zu Mama. Sie hat angefangen sich auszuziehen. Ich habe sie wieder angezogen und ihr noch einmal ihren Spray Kamillosan in den Mund gegeben, eigentlich ist das ein Spray mit entzündungshemmender antibakterieller Wirkung, Mama empfand es jedoch lediglich als kühlend im Rachen. Ich habe ihr einen allerletzten Kuss gegeben und ihr eine gute Reise gewünscht. „Pass auf uns auf, wenn du oben angekommen bist, Mama! Ich habe dich lieb." Mama schaute mich an und nickte und es ertönte ein letztes „Ich habe dich auch lieb." In der Zeit danach muss ich eingeschlafen sein. Gegen sieben Uhr hörte ich Papa aufstehen und runtergehen. Ich glaubte, Mama war gestorben. Aber aufstehen konnte ich nicht, ich war wie gelähmt. Das Brodeln war weg. Papa kam zu mir, „Sie hat es geschafft." Ich bin zu ihr und ja, sie hatte es geschafft. Sie sah friedlich aus. Ich habe den Arzt angerufen, er wird die letzte Anschauung machen. Papa hat den Bestatter kontaktiert. Der Morgen zog sich wie Kaugummi. Das Sauerstoffgerät war weiterhin in Betrieb, jedoch konnte ich es gegen zehn Uhr nicht mehr wahrnehmen und habe es daraufhin abgeschaltet, was soll passieren, tot ist tot. Gegen 12 Uhr kam der Arzt, hat eine letzte Visite gemacht und den Totenschein ausgefüllt. Gegen 15 Uhr war der Bestatter., dann vor Ort. In der Zwischenzeit haben wir Mamas Kleidung herausgelegt und das Zimmer so weit fertiggemacht, dass der Bestatter Mama zu ihrer allerletzten Reise mitnehmen kann. Wir haben dem Bestatter gesagt, er möge auf dem Hinterhof parken, dass Mama noch einmal durch den Garten kann.

Es taten Papa und mir alle Knochen weh. Mir taten Stellen weh, ich wusste nicht einmal, dass sie wehtun können. Freunde und Bekannte sowie Familie habe ich im Laufe des Morgens kontaktiert. Die Besprechung für die Beisetzung sollte am Montag stattfinden. Mama hatte alles aufgeschrieben: Lieder, welche Art der Beisetzung. Es war eine große Hilfe.

Da sie verbrannt werden wollte, mussten wir nur die Urne wählen. Wir haben eine freie Rednerin arrangiert und uns in dieser Woche um Blumen und auch den Platz gekümmert. Mama soll unter einen Kirschbaum, sie hat Kirschen geliebt. Nach der Woche wurde es etwas ruhiger. Wir haben uns dazu entschieden, ihre Beisetzung am Tag ihres Geburtstages zu machen. Das wäre auch Mamas Wunsch. Der Tag rückte näher. Ich glaube, ich hätte mir keine schönere Beisetzung für sie wünschen können. Es waren Freunde und Familie dabei auf ihrem letzten Weg. Zur Grabstelle habe ich die Urne getragen, ein letztes Mal. Das Wetter hat super mitgespielt, es war eine schöne Rede und irgendwie war sie dabei. Wir haben Luftballons zu ihr geschickt, jeden mit einem Wunsch oder Gedanken darauf. Im Anschluss sind wir noch eine Kleinigkeit essen gefahren. Es waren schöne Erinnerungen, die jeder geteilt hat.

Kapitel 5

Das Trauerjahr

Die ersten Wochen waren vorüber, irgendwie hat sich alles eingependelt. Es wird nichts mehr, wie es einmal war, es fehlt schließlich jemand. Aber, es geht nun einmal weiter, ob man möchte oder nicht. Mein Geburtstag stand 'mal wieder vor der Tür und Weihnachten... Wie wird das alles werden? Wir haben das Beste draus gemacht. Ich glaube, man kann es nicht richtig oder falsch machen. Papa hat den ersten Geburtstag ohne Mama versucht, so schön wie möglich und so normal wie möglich zu gestalten; auch Weihnachten. Es wurden viele Kekse und Kuchen gebacken. Irgendwie, als wenn sie gleich zurückkommt. So fühlt es sich immer noch an. Ein Jahr später. Als wenn sie nicht weg ist. Jeder Mensch trauert unterschiedlich, ich wurde oft darauf angesprochen, dass es mir doch schlecht gehen muss und ich diese Trauer nicht unterdrücken darf.

Ich glaube, jeder Mensch hat eine Art Vorstellung von Trauer. Der Tod war immer präsent, er wurde nicht verschwiegen, schließlich gehört es zum Leben dazu. Aber es gibt auch nicht ein Knigge-Buch, in dem steht, was richtig und was falsch bei der Trauer ist. Wahrscheinlich wäre es anders, wenn Mama nicht zuhause gestorben wäre. Aber auch hierfür gibt es kein Patentrezept. Inzwischen gibt es wieder einen normalen Ablauf. Wir haben unsere Routine gefunden. Zu Beginn war es schwer, einfach einmal nichts tun. Der Körper war kaputt und erschöpft, aber man selbst hat es nicht mehr gespürt. Man hat funktioniert. Zu Beginn der Diagnose habe ich immer gesagt, was ich nicht tun würde. Und ich habe es doch getan. Selbstverständlich haben sich bei Papa sowie bei mir die letzten Wochen und Stunden extrem eingebrannt, aber auch das ist in Ordnung, es gehört dazu. Darüber zu sprechen, ist wichtig. Die ersten Wochen gab es kein anderes Thema. Wir haben über alles gesprochen, ob alles richtig verlaufen ist, ob man etwas hätte ändern können. Logischerweise kann man darüber philosophieren, es bringt natürlich nichts. Aber es hilft auch, darüber zu sprechen. Die Alpträume, die Papa und mich die ersten Wochen begleitet haben, wurden erträglicher, weil man weiß, dem anderen geht es genauso. Sei es, dass ich das Telefon nachts klingeln gehört habe oder einfach eine Erinnerung hatte, die in dieser Nacht im Traum sehr präsent war.

Egal, wie professionell eine Pflegekraft auch sein mag, wenn man jemanden privat als Angehöriger pflegt, ist es ein anderes Level. Das Gehirn funktioniert nicht wie auf der Arbeit. 2021 habe ich meinen Job gewechselt, in der Einrichtung habe ich nicht erwähnt, dass Mama Krebs hat oder wir sie pflegen. Meiner Chefin habe ich es im April 2022 gesagt, während Mamas vorletztem Krankenhausaufenthalt. Alle anderen haben es erst im Oktober erfahren. Auch damit geht jeder anders um. Freundschaften und Beziehungen leiden durch die Pflege eines Angehörigen. Auch wenn in der Zeit oft Hilfe angeboten wurde und wir diese abgelehnt haben – Mama hatte ihren Ablauf, bei anderen Personen wäre sie in Panik verfallen. Es war schon ein Kampf, ihr zu erklären, dass sie Papa vertrauen kann und ich ihm alles genaustens erklärt habe. Auch ambulante Dienste waren im Gespräch, aber hier muss man die Zeit nehmen, die der Dienst gerade hat und leider gibt es hier nicht die Möglichkeiten, dass die Pflegekräfte eineinhalb Stunden einen Patienten versorgen. Auch wenn ich immer gesagt habe, ich möchte niemals meine Eltern in irgendeiner Form beim Sterben begleiten – zwei Jahr später kann ich sagen: doch würde ich!

Diese Zeit hat mich geprägt, ich denke, ich bin ein Stück erwachsener geworden, auch wenn man es selbst nicht immer sieht. Man trifft Entscheidungen über das Leben anderer und es sind nicht die Bewohner, die schon 70 oder 80 Jahre auf dem Buckel haben. Es geht jeden etwas an, die Eltern zu begleiten. Egal, in welchem Alter, es ist und wird immer schlimm bleiben. Mit dem Unterschied, dass meine Mama viele Dinge in meinem Leben nicht mehr miterleben kann, die sie so gerne erlebt hätte, sei es die Bachelor-Feier, die dritte Null, welche bevorsteht, dass ich ihr sage, „Mama, du wirst Oma.", oder mit ihr gemeinsam ein Brautkleid aussuchen werde. Ich habe mit der Zeit gelernt, viel öfter an diese kleinen wertvollen Dinge zu denken, die ich nicht mehr mit ihr teilen kann. Und es geht vielen so. Auch wenn der Muttertag nicht mehr so ist, wie als kleines Kind, beschert euren Müttern einen schönen Muttertag, es könnte der letzte sein! Geht mit den Eltern essen oder auf Veranstaltungen! Es könnte das letzte Mal gewesen sein. Vertröstet sie nicht, bis zum nächsten Mal! Keiner weiß, ob es ein nächstes Mal geben wird. In der heutigen Gesellschaft wird vieles als selbstverständlich gesehen. Es ist nicht selbstverständlich, die Eltern zu pflegen und nebenbei noch zu arbeiten. Nicht jeder hat das Glück, zuhause zu sterben. Wir sind da langsam hineingerutscht, es gibt auch Familien, in denen es absehbar ist. Wo es nicht der Fall ist, dass jemand aus der Pflege kommt und halbwegs weiß, was getan wird. Pflegeeinrichtungen werden teurer, viele Familien können sich das gar nicht leisten oder wollen es nicht. Weil man es den Eltern auch irgendwo schuldig ist – so habe ich immer gedacht, sie haben beide immer so viel für mich getan. Mir Unmögliches möglich gemacht, dann muss ich diesen Weg jetzt auch gehen. Für Mama. Seid nett zueinander, auch wenn jemand einen schlechten Tag hat oder vieles vergisst, man weiß nie, was derjenige zuhause für eine Last trägt, egal ob Eltern, Kinder oder Großeltern. Wir alle tragen Lasten, die einen eine größere, die anderen eine kleinere. Manche gehen damit locker um, manche benötigen Hilfe. Manche möchten sich keine Hilfe holen und brechen unter der großen Last, Alltag, Beruf und Angehörige unter einen Hut zu bringen, zusammen. Sei es im Freundeskreis oder auf der Arbeit. Keiner erwartet, dass man mit den Kollegen, bei denen die Sympathie nicht passt, über solche intimen Themen spricht, aber es hilft, der Leitung sowas zu sagen. Verurteilt Menschen nicht, nur weil sie lächelnd von Verstorbenen sprechen, es sind keine Psychopathen, es geht einfach jeder anders mit dem Tod und der eigenen Trauer um. Ich bin relativ „schnell" wieder arbeiten gegangen, mir tat es gut. Ich spreche bis heute gerne über meine Mama und auch über das, was passiert ist, genau das ist für mich Verarbeitung. Fragt eure trauernden Personen, wie es geht, keiner wird euch freiwillig sein traumatisches Erlebnis mitteilen. Es tut gut, wenn man von anderen hört: „Du kannst mir ruhig davon erzählen." oder „Wie war denn deine Mama – ich hätte sie gern kennengelernt." Diese kleinen Worte können große Bedeutung haben!

In stillen Gedanken an meine Mama <3

*20.10.1964
+06.10.2022

Bewerten Sie dieses Buch auf unserer Homepage!

www.novumverlag.com

Die Autorin

Charline Quensell-Gauthier wurde 1995 im Schwarzwald geboren. Im Jahr 2000 zog die Familie in den Norden in die Nähe von Bremen, wo sie auch aufwuchs und zur Schule ging. Nach ihrem Schulabschluss absolvierte die Autorin ein freiwilliges soziales Jahr in einer Klinik in Bremen, im Zuge dessen sich ihre berufliche Karriere herauszukristallisieren begann. 2017 beendete sie erfolgreich die Ausbildung zur examinierten Altenpflegerin und arbeitete danach auch in diesem Bereich, sowohl stationär als auch ambulant. Im darauffolgenden Jahr begann Charline Quensell-Gauthier die Weiterbildung zur Fachkraft für Leitungsaufgaben in der Pflege. Seitdem leitet sie eine gerontopsychiatrische Wohngruppe in Bremen. 2022 begann sie auch ein Studium der Psychologie.

Der Verlag

> Wer aufhört
> besser zu werden,
> hat aufgehört
> gut zu sein!

Basierend auf diesem Motto ist es dem novum Verlag ein Anliegen, neue Manuskripte aufzuspüren, zu veröffentlichen und deren Autoren langfristig zu fördern. Mittlerweile gilt der 1997 gegründete und mehrfach prämierte Verlag als Spezialist für Neuautoren in Deutschland, Österreich und der Schweiz.

Für jedes neue Manuskript wird innerhalb weniger Wochen eine kostenfreie, unverbindliche Lektorats-Prüfung erstellt.

Weitere Informationen zum Verlag und seinen Büchern finden Sie im Internet unter:

w w w . n o v u m v e r l a g . c o m